GEOCACHING LOG BOOK

NAME ———————————————
ADDRESS———————————————
EMAIL ———————————————
PHONE ———————————————

MONTH _____

DATE _____

DAY	MON	TUE	WED	THU	FRI	SAT	SUN

WEATHER CONDITIONS
SUNNY
HOT
CLOUDY
RAIN

LOCATION _____

FINDER NAME _____

FIRST TO FIND _____

GEOCACHE INFO _____

NOTE

MONTH _____

DATE _____

DAY	MON	TUE	WED	THU	FRI	SAT	SUN

WEATHER CONDITIONS
SUNNY
HOT
CLOUDY
RAIN

LOCATION _____

FINDER NAME _____

FIRST TO FIND _____

GEOCACHE INFO _____

NOTE

MONTH _____

DATE _____

DAY	MON	TUE	WED	THU	FRI	SAT	SUN

WEATHER CONDITIONS
SUNNY
HOT
CLOUDY
RAIN

LOCATION _____

FINDER NAME _____

FIRST TO FIND _____

GEOCACHE INFO _____

NOTE

MONTH _____

DATE _____

DAY	MON	TUE	WED	THU	FRI	SAT	SUN

WEATHER CONDITIONS
SUNNY
HOT
CLOUDY
RAIN

LOCATION _____

FINDER NAME _____

FIRST TO FIND _____

GEOCACHE INFO _____

NOTE

MONTH _____

DATE _____

	MON	TUE	WED	THU	FRI	SAT	SUN
DAY							

WEATHER CONDITIONS
SUNNY
HOT
CLOUDY
RAIN

LOCATION _____

FINDER NAME _____

FIRST TO FIND _____

GEOCACHE INFO _____

NOTE

MONTH _____

DATE _____

	MON	TUE	WED	THU	FRI	SAT	SUN
DAY							

WEATHER CONDITIONS
SUNNY
HOT
CLOUDY
RAIN

LOCATION _____

FINDER NAME _____

FIRST TO FIND _____

GEOCACHE INFO _____

NOTE

MONTH _____

DATE _____

DAY	MON	TUE	WED	THU	FRI	SAT	SUN

WEATHER CONDITIONS
SUNNY
HOT
CLOUDY
RAIN

LOCATION _____

FINDER NAME _____

FIRST TO FIND _____

GEOCACHE INFO _____

NOTE

MONTH _____

DATE _____

	MON	TUE	WED	THU	FRI	SAT	SUN
DAY							

WEATHER CONDITIONS
SUNNY
HOT
CLOUDY
RAIN

LOCATION _____

FINDER NAME _____

FIRST TO FIND _____

GEOCACHE INFO _____

NOTE

_____

_____

_____

_____

_____

MONTH _____

DATE _____

	MON	TUE	WED	THU	FRI	SAT	SUN
DAY							

WEATHER CONDITIONS
SUNNY
HOT
CLOUDY
RAIN

LOCATION _____

FINDER NAME _____

FIRST TO FIND _____

GEOCACHE INFO _____

NOTE

MONTH _____

DATE _____

DAY	MON	TUE	WED	THU	FRI	SAT	SUN

WEATHER CONDITIONS
SUNNY
HOT
CLOUDY
RAIN

LOCATION _____

FINDER NAME _____

FIRST TO FIND _____

GEOCACHE INFO _____

NOTE

MONTH _____

DATE _____

	MON	TUE	WED	THU	FRI	SAT	SUN
DAY							

WEATHER CONDITIONS
SUNNY
HOT
CLOUDY
RAIN

LOCATION _____

FINDER NAME _____

FIRST TO FIND _____

GEOCACHE INFO _____

NOTE

MONTH _____

DATE _____

DAY	MON	TUE	WED	THU	FRI	SAT	SUN

WEATHER CONDITIONS
SUNNY
HOT
CLOUDY
RAIN

LOCATION _____

FINDER NAME _____

FIRST TO FIND _____

GEOCACHE INFO _____

NOTE

_____

_____

_____

_____

MONTH _____

DATE _____

DAY	MON	TUE	WED	THU	FRI	SAT	SUN

WEATHER CONDITIONS
SUNNY
HOT
CLOUDY
RAIN

LOCATION _____

FINDER NAME _____

FIRST TO FIND _____

GEOCACHE INFO _____

NOTE

MONTH _____

DATE _____

DAY	MON	TUE	WED	THU	FRI	SAT	SUN

WEATHER CONDITIONS
SUNNY
HOT
CLOUDY
RAIN

LOCATION _____

FINDER NAME _____

FIRST TO FIND _____

GEOCACHE INFO _____

NOTE

MONTH _____

DATE _____

	MON	TUE	WED	THU	FRI	SAT	SUN
DAY							

WEATHER CONDITIONS
SUNNY
HOT
CLOUDY
RAIN

LOCATION _____

FINDER NAME _____

FIRST TO FIND _____

GEOCACHE INFO _____

NOTE

MONTH _____

DATE _____

DAY	MON	TUE	WED	THU	FRI	SAT	SUN

WEATHER CONDITIONS	
SUNNY	
HOT	
CLOUDY	
RAIN	

LOCATION _____

FINDER NAME _____

FIRST TO FIND _____

GEOCACHE INFO _____

NOTE

MONTH _____

DATE _____

	MON	TUE	WED	THU	FRI	SAT	SUN
DAY							

WEATHER CONDITIONS
SUNNY
HOT
CLOUDY
RAIN

LOCATION _____

FINDER NAME _____

FIRST TO FIND _____

GEOCACHE INFO _____

NOTE

MONTH _____

DATE _____

DAY	MON	TUE	WED	THU	FRI	SAT	SUN

WEATHER CONDITIONS
SUNNY
HOT
CLOUDY
RAIN

LOCATION _____

FINDER NAME _____

FIRST TO FIND _____

GEOCACHE INFO _____

NOTE

MONTH _____

DATE _____

	MON	TUE	WED	THU	FRI	SAT	SUN
DAY							

WEATHER CONDITIONS
SUNNY
HOT
CLOUDY
RAIN

LOCATION _____

FINDER NAME _____

FIRST TO FIND _____

GEOCACHE INFO _____

NOTE

_____

_____

_____

_____

MONTH _____

DATE _____

	MON	TUE	WED	THU	FRI	SAT	SUN
DAY							

WEATHER CONDITIONS
SUNNY
HOT
CLOUDY
RAIN

LOCATION _____

FINDER NAME _____

FIRST TO FIND _____

GEOCACHE INFO _____

NOTE

MONTH _____

DATE _____

DAY	MON	TUE	WED	THU	FRI	SAT	SUN

WEATHER CONDITIONS
SUNNY
HOT
CLOUDY
RAIN

LOCATION _____

FINDER NAME _____

FIRST TO FIND _____

GEOCACHE INFO _____

NOTE

MONTH _____

DATE _____

DAY	MON	TUE	WED	THU	FRI	SAT	SUN

WEATHER CONDITIONS
SUNNY
HOT
CLOUDY
RAIN

LOCATION _____

FINDER NAME _____

FIRST TO FIND _____

GEOCACHE INFO _____

NOTE

MONTH _____

DATE _____

	MON	TUE	WED	THU	FRI	SAT	SUN
DAY							

WEATHER CONDITIONS
SUNNY
HOT
CLOUDY
RAIN

LOCATION _____

FINDER NAME _____

FIRST TO FIND _____

GEOCACHE INFO _____

NOTE

MONTH _____

DATE _____

DAY	MON	TUE	WED	THU	FRI	SAT	SUN

WEATHER CONDITIONS
SUNNY
HOT
CLOUDY
RAIN

LOCATION _____

FINDER NAME _____

FIRST TO FIND _____

GEOCACHE INFO _____

NOTE

MONTH _____

DATE _____

	MON	TUE	WED	THU	FRI	SAT	SUN
DAY							

WEATHER CONDITIONS
SUNNY
HOT
CLOUDY
RAIN

LOCATION _____

FINDER NAME _____

FIRST TO FIND _____

GEOCACHE INFO _____

NOTE

MONTH _____

DATE _____

	MON	TUE	WED	THU	FRI	SAT	SUN
DAY							

WEATHER CONDITIONS
SUNNY
HOT
CLOUDY
RAIN

LOCATION _____

FINDER NAME _____

FIRST TO FIND _____

GEOCACHE INFO _____

NOTE

MONTH _____

DATE _____

DAY	MON	TUE	WED	THU	FRI	SAT	SUN

WEATHER CONDITIONS
SUNNY
HOT
CLOUDY
RAIN

LOCATION _____

FINDER NAME _____

FIRST TO FIND _____

GEOCACHE INFO _____

NOTE

MONTH _____

DATE _____

DAY	MON	TUE	WED	THU	FRI	SAT	SUN

WEATHER CONDITIONS
SUNNY
HOT
CLOUDY
RAIN

LOCATION _____

FINDER NAME _____

FIRST TO FIND _____

GEOCACHE INFO _____

NOTE

MONTH _____

DATE _____

	MON	TUE	WED	THU	FRI	SAT	SUN
DAY							

WEATHER CONDITIONS
SUNNY
HOT
CLOUDY
RAIN

LOCATION _____

FINDER NAME _____

FIRST TO FIND _____

GEOCACHE INFO _____

NOTE

MONTH _____

DATE _____

DAY	MON	TUE	WED	THU	FRI	SAT	SUN

WEATHER CONDITIONS
SUNNY
HOT
CLOUDY
RAIN

LOCATION _____

FINDER NAME _____

FIRST TO FIND _____

GEOCACHE INFO _____

NOTE

MONTH _____

DATE _____

	MON	TUE	WED	THU	FRI	SAT	SUN
DAY							

WEATHER CONDITIONS
SUNNY
HOT
CLOUDY
RAIN

LOCATION _____

FINDER NAME _____

FIRST TO FIND _____

GEOCACHE INFO _____

NOTE

MONTH _____

DATE _____

	MON	TUE	WED	THU	FRI	SAT	SUN
DAY							

WEATHER CONDITIONS	
SUNNY	
HOT	
CLOUDY	
RAIN	

LOCATION _____

FINDER NAME _____

FIRST TO FIND _____

GEOCACHE INFO _____

NOTE

MONTH _____

DATE _____

DAY	MON	TUE	WED	THU	FRI	SAT	SUN

WEATHER CONDITIONS
SUNNY
HOT
CLOUDY
RAIN

LOCATION _____

FINDER NAME _____

FIRST TO FIND _____

GEOCACHE INFO _____

NOTE

MONTH _____

DATE _____

	MON	TUE	WED	THU	FRI	SAT	SUN
DAY							

WEATHER CONDITIONS
SUNNY
HOT
CLOUDY
RAIN

LOCATION _____

FINDER NAME _____

FIRST TO FIND _____

GEOCACHE INFO _____

NOTE

MONTH _____

DATE _____

	MON	TUE	WED	THU	FRI	SAT	SUN
DAY							

WEATHER CONDITIONS
SUNNY
HOT
CLOUDY
RAIN

LOCATION _____

FINDER NAME _____

FIRST TO FIND _____

GEOCACHE INFO _____

NOTE

MONTH _____

DATE _____

	MON	TUE	WED	THU	FRI	SAT	SUN
DAY							

WEATHER CONDITIONS
SUNNY
HOT
CLOUDY
RAIN

LOCATION _____

FINDER NAME _____

FIRST TO FIND _____

GEOCACHE INFO _____

NOTE

MONTH _____

DATE _____

DAY	MON	TUE	WED	THU	FRI	SAT	SUN

WEATHER CONDITIONS
SUNNY
HOT
CLOUDY
RAIN

LOCATION _____

FINDER NAME _____

FIRST TO FIND _____

GEOCACHE INFO _____

NOTE

MONTH _____

DATE _____

DAY	MON	TUE	WED	THU	FRI	SAT	SUN

WEATHER CONDITIONS	
SUNNY	
HOT	
CLOUDY	
RAIN	

LOCATION _____

FINDER NAME _____

FIRST TO FIND _____

GEOCACHE INFO _____

NOTE

MONTH _____

DATE _____

	MON	TUE	WED	THU	FRI	SAT	SUN
DAY							

WEATHER CONDITIONS
SUNNY
HOT
CLOUDY
RAIN

LOCATION _____

FINDER NAME _____

FIRST TO FIND _____

GEOCACHE INFO _____

NOTE

MONTH _____

DATE _____

	MON	TUE	WED	THU	FRI	SAT	SUN
DAY							

WEATHER CONDITIONS
SUNNY
HOT
CLOUDY
RAIN

LOCATION _____

FINDER NAME _____

FIRST TO FIND _____

GEOCACHE INFO _____

NOTE

MONTH _____

DATE _____

DAY	MON	TUE	WED	THU	FRI	SAT	SUN

WEATHER CONDITIONS
SUNNY
HOT
CLOUDY
RAIN

LOCATION _____

FINDER NAME _____

FIRST TO FIND _____

GEOCACHE INFO _____

NOTE

MONTH _____

DATE _____

DAY	MON	TUE	WED	THU	FRI	SAT	SUN

WEATHER CONDITIONS
SUNNY
HOT
CLOUDY
RAIN

LOCATION _____

FINDER NAME _____

FIRST TO FIND _____

GEOCACHE INFO _____

NOTE

MONTH _____

DATE _____

DAY	MON	TUE	WED	THU	FRI	SAT	SUN

WEATHER CONDITIONS
SUNNY
HOT
CLOUDY
RAIN

LOCATION _____

FINDER NAME _____

FIRST TO FIND _____

GEOCACHE INFO _____

NOTE

MONTH _____

DATE _____

	MON	TUE	WED	THU	FRI	SAT	SUN
DAY							

WEATHER CONDITIONS
SUNNY
HOT
CLOUDY
RAIN

LOCATION _____

FINDER NAME _____

FIRST TO FIND _____

GEOCACHE INFO _____

NOTE

MONTH _____

DATE _____

	MON	TUE	WED	THU	FRI	SAT	SUN
DAY							

WEATHER CONDITIONS
SUNNY
HOT
CLOUDY
RAIN

LOCATION _____

FINDER NAME _____

FIRST TO FIND _____

GEOCACHE INFO _____

NOTE

MONTH _____

DATE _____

	MON	TUE	WED	THU	FRI	SAT	SUN
D A Y							

WEATHER CONDITIONS
SUNNY
HOT
CLOUDY
RAIN

LOCATION _____

FINDER NAME _____

FIRST TO FIND _____

GEOCACHE INFO _____

NOTE

MONTH _____

DATE _____

	MON	TUE	WED	THU	FRI	SAT	SUN
DAY							

WEATHER CONDITIONS
SUNNY
HOT
CLOUDY
RAIN

LOCATION _____

FINDER NAME _____

FIRST TO FIND _____

GEOCACHE INFO _____

NOTE

MONTH _____

DATE _____

	MON	TUE	WED	THU	FRI	SAT	SUN
DAY							

WEATHER CONDITIONS
SUNNY
HOT
CLOUDY
RAIN

LOCATION _____

FINDER NAME _____

FIRST TO FIND _____

GEOCACHE INFO _____

NOTE

MONTH _____

DATE _____

DAY	MON	TUE	WED	THU	FRI	SAT	SUN

WEATHER CONDITIONS
SUNNY
HOT
CLOUDY
RAIN

LOCATION _____

FINDER NAME _____

FIRST TO FIND _____

GEOCACHE INFO _____

NOTE

MONTH _____

DATE _____

	MON	TUE	WED	THU	FRI	SAT	SUN
DAY							

WEATHER CONDITIONS
SUNNY
HOT
CLOUDY
RAIN

LOCATION _____

FINDER NAME _____

FIRST TO FIND _____

GEOCACHE INFO _____

NOTE

MONTH _____

DATE _____

	MON	TUE	WED	THU	FRI	SAT	SUN
DAY							

WEATHER CONDITIONS
SUNNY
HOT
CLOUDY
RAIN

LOCATION _____

FINDER NAME _____

FIRST TO FIND _____

GEOCACHE INFO _____

NOTE

MONTH _____

DATE _____

	MON	TUE	WED	THU	FRI	SAT	SUN
DAY							

WEATHER CONDITIONS
SUNNY
HOT
CLOUDY
RAIN

LOCATION _____

FINDER NAME _____

FIRST TO FIND _____

GEOCACHE INFO _____

NOTE

MONTH _____

DATE _____

	MON	TUE	WED	THU	FRI	SAT	SUN
DAY							

WEATHER CONDITIONS
SUNNY
HOT
CLOUDY
RAIN

LOCATION _____

FINDER NAME _____

FIRST TO FIND _____

GEOCACHE INFO _____

NOTE

MONTH _____

DATE _____

	MON	TUE	WED	THU	FRI	SAT	SUN
DAY							

WEATHER CONDITIONS
SUNNY
HOT
CLOUDY
RAIN

LOCATION _____

FINDER NAME _____

FIRST TO FIND _____

GEOCACHE INFO _____

NOTE

MONTH _____

DATE _____

DAY	MON	TUE	WED	THU	FRI	SAT	SUN

WEATHER CONDITIONS
SUNNY
HOT
CLOUDY
RAIN

LOCATION _____

FINDER NAME _____

FIRST TO FIND _____

GEOCACHE INFO _____

NOTE

MONTH _____

DATE _____

	MON	TUE	WED	THU	FRI	SAT	SUN
DAY							

WEATHER CONDITIONS
SUNNY
HOT
CLOUDY
RAIN

LOCATION _____

FINDER NAME _____

FIRST TO FIND _____

GEOCACHE INFO _____

NOTE

MONTH _____

DATE _____

	MON	TUE	WED	THU	FRI	SAT	SUN
DAY							

WEATHER CONDITIONS	
SUNNY	
HOT	
CLOUDY	
RAIN	

LOCATION _____

FINDER NAME _____

FIRST TO FIND _____

GEOCACHE INFO _____

NOTE

MONTH _____

DATE _____

DAY	MON	TUE	WED	THU	FRI	SAT	SUN

WEATHER CONDITIONS
SUNNY
HOT
CLOUDY
RAIN

LOCATION _____

FINDER NAME _____

FIRST TO FIND _____

GEOCACHE INFO _____

NOTE

MONTH _____

DATE _____

DAY	MON	TUE	WED	THU	FRI	SAT	SUN

WEATHER CONDITIONS
SUNNY
HOT
CLOUDY
RAIN

LOCATION _____

FINDER NAME _____

FIRST TO FIND _____

GEOCACHE INFO _____

NOTE

_____

_____

_____

_____

MONTH _____

DATE _____

DAY	MON	TUE	WED	THU	FRI	SAT	SUN

WEATHER CONDITIONS
SUNNY
HOT
CLOUDY
RAIN

LOCATION _____

FINDER NAME _____

FIRST TO FIND _____

GEOCACHE INFO _____

NOTE

MONTH _____

DATE _____

	MON	TUE	WED	THU	FRI	SAT	SUN
DAY							

WEATHER CONDITIONS
SUNNY
HOT
CLOUDY
RAIN

LOCATION _____

FINDER NAME _____

FIRST TO FIND _____

GEOCACHE INFO _____

NOTE

MONTH _____

DATE _____

	MON	TUE	WED	THU	FRI	SAT	SUN
DAY							

WEATHER CONDITIONS
SUNNY
HOT
CLOUDY
RAIN

LOCATION _____

FINDER NAME _____

FIRST TO FIND _____

GEOCACHE INFO _____

NOTE

MONTH _____

DATE _____

	MON	TUE	WED	THU	FRI	SAT	SUN
DAY							

WEATHER CONDITIONS
SUNNY
HOT
CLOUDY
RAIN

LOCATION _____

FINDER NAME _____

FIRST TO FIND _____

GEOCACHE INFO _____

NOTE

MONTH _____

DATE _____

	MON	TUE	WED	THU	FRI	SAT	SUN
DAY							

WEATHER CONDITIONS
SUNNY
HOT
CLOUDY
RAIN

LOCATION _____

FINDER NAME _____

FIRST TO FIND _____

GEOCACHE INFO _____

NOTE

_____
_____
_____
_____

MONTH _____

DATE _____

	MON	TUE	WED	THU	FRI	SAT	SUN
DAY							

WEATHER CONDITIONS
SUNNY
HOT
CLOUDY
RAIN

LOCATION _____

FINDER NAME _____

FIRST TO FIND _____

GEOCACHE INFO _____

NOTE

MONTH _____

DATE _____

DAY	MON	TUE	WED	THU	FRI	SAT	SUN

WEATHER CONDITIONS
SUNNY
HOT
CLOUDY
RAIN

LOCATION _____

FINDER NAME _____

FIRST TO FIND _____

GEOCACHE INFO _____

NOTE

_____
_____
_____
_____

MONTH _____

DATE _____

DAY	MON	TUE	WED	THU	FRI	SAT	SUN

WEATHER CONDITIONS	
SUNNY	
HOT	
CLOUDY	
RAIN	

LOCATION _____

FINDER NAME _____

FIRST TO FIND _____

GEOCACHE INFO _____

NOTE

_____

_____

_____

_____

MONTH _____

DATE _____

	MON	TUE	WED	THU	FRI	SAT	SUN
DAY							

WEATHER CONDITIONS
SUNNY
HOT
CLOUDY
RAIN

LOCATION _____

FINDER NAME _____

FIRST TO FIND _____

GEOCACHE INFO _____

NOTE

MONTH _____

DATE _____

DAY	MON	TUE	WED	THU	FRI	SAT	SUN

WEATHER CONDITIONS
SUNNY
HOT
CLOUDY
RAIN

LOCATION _____

FINDER NAME _____

FIRST TO FIND _____

GEOCACHE INFO _____

NOTE

MONTH _____

DATE _____

	MON	TUE	WED	THU	FRI	SAT	SUN
DAY							

WEATHER CONDITIONS
SUNNY
HOT
CLOUDY
RAIN

LOCATION _____

FINDER NAME _____

FIRST TO FIND _____

GEOCACHE INFO _____

NOTE

MONTH _____

DATE _____

	MON	TUE	WED	THU	FRI	SAT	SUN
DAY							

WEATHER CONDITIONS
SUNNY
HOT
CLOUDY
RAIN

LOCATION _____

FINDER NAME _____

FIRST TO FIND _____

GEOCACHE INFO _____

NOTE

MONTH _____

DATE _____

	MON	TUE	WED	THU	FRI	SAT	SUN
DAY							

WEATHER CONDITIONS
SUNNY
HOT
CLOUDY
RAIN

LOCATION _____

FINDER NAME _____

FIRST TO FIND _____

GEOCACHE INFO _____

NOTE

_____
_____
_____
_____
_____

MONTH _____

DATE _____

	MON	TUE	WED	THU	FRI	SAT	SUN
DAY							

WEATHER CONDITIONS
SUNNY
HOT
CLOUDY
RAIN

LOCATION _____

FINDER NAME _____

FIRST TO FIND _____

GEOCACHE INFO _____

NOTE

MONTH _____

DATE _____

	MON	TUE	WED	THU	FRI	SAT	SUN
DAY							

WEATHER CONDITIONS
SUNNY
HOT
CLOUDY
RAIN

LOCATION _____

FINDER NAME _____

FIRST TO FIND _____

GEOCACHE INFO _____

NOTE

_____
_____
_____
_____
_____

MONTH _____

DATE _____

	MON	TUE	WED	THU	FRI	SAT	SUN
DAY							

WEATHER CONDITIONS
SUNNY
HOT
CLOUDY
RAIN

LOCATION _____

FINDER NAME _____

FIRST TO FIND _____

GEOCACHE INFO _____

NOTE

MONTH _____

DATE _____

DAY	MON	TUE	WED	THU	FRI	SAT	SUN

WEATHER CONDITIONS
SUNNY
HOT
CLOUDY
RAIN

LOCATION _____

FINDER NAME _____

FIRST TO FIND _____

GEOCACHE INFO _____

NOTE

_____

_____

_____

_____

MONTH _____

DATE _____

DAY	MON	TUE	WED	THU	FRI	SAT	SUN

WEATHER CONDITIONS
SUNNY
HOT
CLOUDY
RAIN

LOCATION _____

FINDER NAME _____

FIRST TO FIND _____

GEOCACHE INFO _____

NOTE

MONTH _____

DATE _____

DAY	MON	TUE	WED	THU	FRI	SAT	SUN

WEATHER CONDITIONS	
SUNNY	
HOT	
CLOUDY	
RAIN	

LOCATION _____

FINDER NAME _____

FIRST TO FIND _____

GEOCACHE INFO _____

NOTE

_____

_____

_____

_____

MONTH _____

DATE _____

	MON	TUE	WED	THU	FRI	SAT	SUN
DAY							

WEATHER CONDITIONS
SUNNY
HOT
CLOUDY
RAIN

LOCATION _____

FINDER NAME _____

FIRST TO FIND _____

GEOCACHE INFO _____

NOTE

MONTH _____

DATE _____

	MON	TUE	WED	THU	FRI	SAT	SUN
DAY							

WEATHER CONDITIONS
SUNNY
HOT
CLOUDY
RAIN

LOCATION _____

FINDER NAME _____

FIRST TO FIND _____

GEOCACHE INFO _____

NOTE

_____

_____

_____

_____

_____

MONTH _____

DATE _____

DAY	MON	TUE	WED	THU	FRI	SAT	SUN

WEATHER CONDITIONS
SUNNY
HOT
CLOUDY
RAIN

LOCATION _____

FINDER NAME _____

FIRST TO FIND _____

GEOCACHE INFO _____

NOTE

MONTH _____

DATE _____

DAY	MON	TUE	WED	THU	FRI	SAT	SUN

WEATHER CONDITIONS
SUNNY
HOT
CLOUDY
RAIN

LOCATION _____

FINDER NAME _____

FIRST TO FIND _____

GEOCACHE INFO _____

NOTE

_____
_____
_____
_____
_____

MONTH _____

DATE _____

	MON	TUE	WED	THU	FRI	SAT	SUN
DAY							

WEATHER CONDITIONS
SUNNY
HOT
CLOUDY
RAIN

LOCATION _____

FINDER NAME _____

FIRST TO FIND _____

GEOCACHE INFO _____

NOTE

MONTH _____

DATE _____

	MON	TUE	WED	THU	FRI	SAT	SUN
DAY							

WEATHER CONDITIONS
SUNNY
HOT
CLOUDY
RAIN

LOCATION _____

FINDER NAME _____

FIRST TO FIND _____

GEOCACHE INFO _____

NOTE

_____

_____

_____

_____

MONTH _____

DATE _____

DAY	MON	TUE	WED	THU	FRI	SAT	SUN

WEATHER CONDITIONS
SUNNY
HOT
CLOUDY
RAIN

LOCATION _____

FINDER NAME _____

FIRST TO FIND _____

GEOCACHE INFO _____

NOTE

MONTH _____

DATE _____

	MON	TUE	WED	THU	FRI	SAT	SUN
DAY							

WEATHER CONDITIONS
SUNNY
HOT
CLOUDY
RAIN

LOCATION _____

FINDER NAME _____

FIRST TO FIND _____

GEOCACHE INFO _____

NOTE

_____

_____

_____

_____

MONTH _____

DATE _____

DAY	MON	TUE	WED	THU	FRI	SAT	SUN

WEATHER CONDITIONS
SUNNY
HOT
CLOUDY
RAIN

LOCATION _____

FINDER NAME _____

FIRST TO FIND _____

GEOCACHE INFO _____

NOTE

MONTH _____

DATE _____

DAY	MON	TUE	WED	THU	FRI	SAT	SUN

WEATHER CONDITIONS
SUNNY
HOT
CLOUDY
RAIN

LOCATION _____

FINDER NAME _____

FIRST TO FIND _____

GEOCACHE INFO _____

NOTE

_____

_____

_____

_____

_____

MONTH _____

DATE _____

	MON	TUE	WED	THU	FRI	SAT	SUN
DAY							

WEATHER CONDITIONS
SUNNY
HOT
CLOUDY
RAIN

LOCATION _____

FINDER NAME _____

FIRST TO FIND _____

GEOCACHE INFO _____

NOTE

MONTH _____

DATE _____

	MON	TUE	WED	THU	FRI	SAT	SUN
DAY							

WEATHER CONDITIONS
SUNNY
HOT
CLOUDY
RAIN

LOCATION _____

FINDER NAME _____

FIRST TO FIND _____

GEOCACHE INFO _____

NOTE

_____

_____

_____

_____

MONTH _____

DATE _____

DAY	MON	TUE	WED	THU	FRI	SAT	SUN

WEATHER CONDITIONS
SUNNY
HOT
CLOUDY
RAIN

LOCATION _____

FINDER NAME _____

FIRST TO FIND _____

GEOCACHE INFO _____

NOTE

MONTH _____

DATE _____

DAY	MON	TUE	WED	THU	FRI	SAT	SUN

WEATHER CONDITIONS
SUNNY
HOT
CLOUDY
RAIN

LOCATION _____

FINDER NAME _____

FIRST TO FIND _____

GEOCACHE INFO _____

NOTE

_____
_____
_____
_____
_____

MONTH _____

DATE _____

	MON	TUE	WED	THU	FRI	SAT	SUN
DAY							

WEATHER CONDITIONS
SUNNY
HOT
CLOUDY
RAIN

LOCATION _____

FINDER NAME _____

FIRST TO FIND _____

GEOCACHE INFO _____

NOTE

MONTH _____

DATE _____

DAY	MON	TUE	WED	THU	FRI	SAT	SUN

WEATHER CONDITIONS

SUNNY

HOT

CLOUDY

RAIN

LOCATION _____

FINDER NAME _____

FIRST TO FIND _____

GEOCACHE INFO _____

NOTE

MONTH _____

DATE _____

	MON	TUE	WED	THU	FRI	SAT	SUN
DAY							

WEATHER CONDITIONS
SUNNY
HOT
CLOUDY
RAIN

LOCATION _____

FINDER NAME _____

FIRST TO FIND _____

GEOCACHE INFO _____

NOTE

MONTH _____

DATE _____

DAY	MON	TUE	WED	THU	FRI	SAT	SUN

WEATHER CONDITIONS
SUNNY
HOT
CLOUDY
RAIN

LOCATION _____

FINDER NAME _____

FIRST TO FIND _____

GEOCACHE INFO _____

NOTE

_____

_____

_____

_____

_____

MONTH _____

DATE _____

	MON	TUE	WED	THU	FRI	SAT	SUN
DAY							

WEATHER CONDITIONS
SUNNY
HOT
CLOUDY
RAIN

LOCATION _____

FINDER NAME _____

FIRST TO FIND _____

GEOCACHE INFO _____

NOTE

MONTH _____

DATE _____

DAY	MON	TUE	WED	THU	FRI	SAT	SUN

WEATHER CONDITIONS

SUNNY

HOT

CLOUDY

RAIN

LOCATION _____

FINDER NAME _____

FIRST TO FIND _____

GEOCACHE INFO _____

NOTE

_____

_____

_____

_____

MONTH _____

DATE _____

DAY	MON	TUE	WED	THU	FRI	SAT	SUN

WEATHER CONDITIONS	
SUNNY	
HOT	
CLOUDY	
RAIN	

LOCATION _____

FINDER NAME _____

FIRST TO FIND _____

GEOCACHE INFO _____

NOTE

_____

_____

_____

_____

MONTH _____

DATE _____

	MON	TUE	WED	THU	FRI	SAT	SUN
DAY							

WEATHER CONDITIONS

SUNNY

HOT

CLOUDY

RAIN

LOCATION _____

FINDER NAME _____

FIRST TO FIND _____

GEOCACHE INFO _____

NOTE

_____
_____
_____
_____
_____

MONTH _____

DATE _____

	MON	TUE	WED	THU	FRI	SAT	SUN
DAY							

WEATHER CONDITIONS
SUNNY
HOT
CLOUDY
RAIN

LOCATION _____

FINDER NAME _____

FIRST TO FIND _____

GEOCACHE INFO _____

NOTE

MONTH _____

DATE _____

	MON	TUE	WED	THU	FRI	SAT	SUN
DAY							

WEATHER CONDITIONS

SUNNY

HOT

CLOUDY

RAIN

LOCATION _____

FINDER NAME _____

FIRST TO FIND _____

GEOCACHE INFO _____

NOTE

_____

_____

_____

_____

MONTH _____

DATE _____

DAY	MON	TUE	WED	THU	FRI	SAT	SUN

WEATHER CONDITIONS
SUNNY
HOT
CLOUDY
RAIN

LOCATION _____

FINDER NAME _____

FIRST TO FIND _____

GEOCACHE INFO _____

NOTE

MONTH _____

DATE _____

	MON	TUE	WED	THU	FRI	SAT	SUN
DAY							

WEATHER CONDITIONS

SUNNY

HOT

CLOUDY

RAIN

LOCATION _____

FINDER NAME _____

FIRST TO FIND _____

GEOCACHE INFO _____

NOTE

_____

_____

_____

_____

_____

MONTH _____

DATE _____

	MON	TUE	WED	THU	FRI	SAT	SUN
DAY							

WEATHER CONDITIONS
SUNNY
HOT
CLOUDY
RAIN

LOCATION _____

FINDER NAME _____

FIRST TO FIND _____

GEOCACHE INFO _____

NOTE

MONTH _____

DATE _____

	MON	TUE	WED	THU	FRI	SAT	SUN
DAY							

WEATHER CONDITIONS

SUNNY

HOT

CLOUDY

RAIN

LOCATION _____

FINDER NAME _____

FIRST TO FIND _____

GEOCACHE INFO _____

NOTE

_____

_____

_____

_____

MONTH _____

DATE _____

	MON	TUE	WED	THU	FRI	SAT	SUN
DAY							

WEATHER CONDITIONS
SUNNY
HOT
CLOUDY
RAIN

LOCATION _____

FINDER NAME _____

FIRST TO FIND _____

GEOCACHE INFO _____

NOTE

MONTH _____

DATE _____

DAY	MON	TUE	WED	THU	FRI	SAT	SUN

WEATHER CONDITIONS

SUNNY

HOT

CLOUDY

RAIN

LOCATION _____

FINDER NAME _____

FIRST TO FIND _____

GEOCACHE INFO _____

NOTE

MONTH _____

DATE _____

DAY	MON	TUE	WED	THU	FRI	SAT	SUN

WEATHER CONDITIONS
SUNNY
HOT
CLOUDY
RAIN

LOCATION _____

FINDER NAME _____

FIRST TO FIND _____

GEOCACHE INFO _____

NOTE

_____

_____

_____

_____

MONTH _____

DATE _____

DAY	MON	TUE	WED	THU	FRI	SAT	SUN

WEATHER CONDITIONS

SUNNY
HOT
CLOUDY
RAIN

LOCATION _____

FINDER NAME _____

FIRST TO FIND _____

GEOCACHE INFO _____

NOTE

_____
_____
_____
_____
_____

MONTH _____

DATE _____

DAY	MON	TUE	WED	THU	FRI	SAT	SUN

WEATHER CONDITIONS

| SUNNY |
| CLOUDY |
| HOT |
| RAIN |

LOCATION _____

FINDER NAME _____

FIRST TO FIND _____

GEOCACHE INFO _____

NOTE

MONTH _____

DATE _____

	MON	TUE	WED	THU	FRI	SAT	SUN
DAY							

WEATHER CONDITIONS
SUNNY
HOT
CLOUDY
RAIN

LOCATION _____

FINDER NAME _____

FIRST TO FIND _____

GEOCACHE INFO _____

NOTE

_____

_____

_____

_____

_____

MONTH _____

DATE _____

DAY	MON	TUE	WED	THU	FRI	SAT	SUN

WEATHER CONDITIONS
SUNNY
HOT
CLOUDY
RAIN

LOCATION _____

FINDER NAME _____

FIRST TO FIND _____

GEOCACHE INFO _____

NOTE

MONTH _____

DATE _____

DAY	MON	TUE	WED	THU	FRI	SAT	SUN

WEATHER CONDITIONS

SUNNY

HOT

CLOUDY

RAIN

LOCATION _____

FINDER NAME _____

FIRST TO FIND _____

GEOCACHE INFO _____

NOTE

_____

_____

_____

_____

MONTH _____

DATE _____

DAY	MON	TUE	WED	THU	FRI	SAT	SUN

WEATHER CONDITIONS

SUNNY
HOT
CLOUDY
RAIN

LOCATION _____

FINDER NAME _____

FIRST TO FIND _____

GEOCACHE INFO _____

NOTE

MONTH _____

DATE _____

DAY	MON	TUE	WED	THU	FRI	SAT	SUN

WEATHER CONDITIONS

SUNNY

HOT

CLOUDY

RAIN

LOCATION _____

FINDER NAME _____

FIRST TO FIND _____

GEOCACHE INFO _____

NOTE

_____

_____

_____

_____

MONTH _____

DATE _____

	MON	TUE	WED	THU	FRI	SAT	SUN
DAY							

WEATHER CONDITIONS

SUNNY
HOT
CLOUDY
RAIN

LOCATION _____

FINDER NAME _____

FIRST TO FIND _____

GEOCACHE INFO _____

NOTE

MONTH _____

DATE _____

	MON	TUE	WED	THU	FRI	SAT	SUN
DAY							

WEATHER CONDITIONS

SUNNY
HOT
CLOUDY
RAIN

LOCATION _____

FINDER NAME _____

FIRST TO FIND _____

GEOCACHE INFO _____

NOTE

_____

_____

_____

_____

_____

MONTH _____

DATE _____

DAY	MON	TUE	WED	THU	FRI	SAT	SUN

WEATHER CONDITIONS

SUNNY	
CLOUDY	
HOT	
RAIN	

LOCATION _____

FINDER NAME _____

FIRST TO FIND _____

GEOCACHE INFO _____

NOTE

MONTH _____

DATE _____

	MON	TUE	WED	THU	FRI	SAT	SUN
DAY							

WEATHER CONDITIONS

SUNNY

HOT

CLOUDY

RAIN

LOCATION _____

FINDER NAME _____

FIRST TO FIND _____

GEOCACHE INFO _____

NOTE

_____

_____

_____

_____

_____

Printed in Great Britain
by Amazon